///　自治体議会政策学会叢書　///

ペイオフと自治体財政
―地方公共団体の公金管理と運用―

大竹 慎一　著
（ファンドマネージャー）

イマジン出版

目　　次

① はじめに ………………………………………… 5
② ペイオフ ………………………………………… 7
③ 土地本位制の終わり …………………………… 9
④ 銀行をつぶさないと景気は回復しない ……… 16
⑤ 国債ははたして安全か ………………………… 19
⑥ アルゼンチン危機 ……………………………… 23
⑦ 地方債の活性化 ………………………………… 27
⑧ 郵便貯金は安全か ……………………………… 32
⑨ 外資銀行は安全か ……………………………… 37
⑩ 債権・債務のマッチング ……………………… 39
⑪ 在庫 ……………………………………………… 41
⑫ 売掛金・未収金 ………………………………… 44
⑬ 設備投資と減価償却 …………………………… 47
⑭ 不動産在庫の整理 ……………………………… 53
⑮ 帳票を減らす …………………………………… 58
⑯ 収入役の役割 …………………………………… 60
⑰ 中小企業対策 …………………………………… 62
　・著者紹介 ……………………………………… 65
　・コパ・ブックス発刊にあたって …………… 66

① はじめに

　日本の景気は1990年以来、バブル崩壊のツケで不況がダラダラと続き、時々恐慌的な様相を呈しながら、10年という時間が失われてきた。このような長期不況の中で、最も呻吟してきたのは、民間企業であり、いやいやながらも、厳しいリストラによって、生き残ろうとしてきた。

　一方、それに比べると、公的部門の方には、長期不況の影響が、それほど深刻にはまだ出てきていないようだ。不況による税収不足を、単に財政赤字を垂れ流しながら、時を過ごしているだけで、特に地方行政の分野では、しだいに赤字団体が増えつつある。

　このままでいけば、地方財政の破綻は避けられないものであり、他の分野の赤字と並んで、国民に膨大なツケを残すものとなろう。いわば、単なる対処療法ではなく、根本治療をやらざるを得ない時が、刻々と近づいているといえよう。

　かつて、明治維新のときに、廃藩置県がなされたが、いずれ遠からず、廃県置洲も止むを得ない時代がやってこよう。

　民間でも合併が盛んである。合併のまず第一の目標はコストダウンだが、その際も、黒字企業が経営のイニシアティブを握り、赤字企業にはなんらの発言権もなく、草刈り場とされるだけである。

　今後、進められてゆく、地方行政の再編の際にも、その中心となっていくのは、黒字団体であり、赤字団体は、俎板の上の鯉にすぎないことになろう。つまり、デフレ不況の逆境の中で、黒字化が達成できる地方公共団体の

みが、今後の主役となるわけだ。

　ただ、財政黒字化といっても、税収を増やし、支出を減らせばよいというものではない。そんなことは不可能だ。もっと別の観点から財政構造を考え直す必要がある。民間企業でも良く使われているバランスシートを検討する方法である。本書はその観点から、あまり今まで議論されていないポイントをとり上げ、いくつか解説してみようとしたものである。

　ちょうど銀行のペイオフの時期も重なり、資金の過不足はすべて銀行に一任という時代から、カネの管理を自己責任でやらざるを得ない時代に入ってきた。東京都が、みずほ銀行をメインバンクから外そうという話題も対岸の火事ではなくなったのである。

2 ペイオフ

　2002年4月より、日本の銀行でも、いわゆるペイオフが始まった。銀行が破綻した場合、預金元本のうち1千万円とその金利しか保証されないことになったのである。したがって、銀行がおかしくなって、つぶれたり、国有化されたりすると、預金が戻ってこないかもしれないというリスクが、これからつきまとうのである。預金者としては、今までのような絶対安全であった預金から、返金されないリスクがあるという不安に、今後さいなまれることとなる。

　また、このペイオフをこの時期に始めるというのは、あとでも詳しく述べるように、最悪の時期に始めることとなった。本来、もっと早く、2〜3年前に始めておくべきのところ、銀行のバランスシートの改善を待って、先延ばしにしていたのだが、かえって逆に、銀行のバランスシートが更に悪化してしまい、止むに止まれず、遂にこの時点で始めてしまった。多くの銀行がまさにつぶれようとしているこの時に、かなり危険な荷重を、銀行と預金者にかけてしまったのである。
　これは、ある意味でなんらかの意図が働いているといえよう。銀行がつぶれた時の欠損を、国家や株主だけでなく、預金者にも分担して負担させようという改革的意図であろう。このようなワナにかかって、国家に貢献したいという人は、そのままでよいだろうが、なんとかそのワナを避けようと考えるならば、なんらかの対策を立

ててゆかねばならない。

　あれほど強かった日本の銀行が、どうしてこんなざまになるほど、追いこまれてしまったのだろうか。それが分らないと、銀行がつぶれるかどうかも分らないし、その対策も立てようもない。

●ペイオフと自治体財政

3 土地本位制の終わり

戦後の日本経済は、世界的なコンドラチェフ・サイクルの上昇期という好運に恵まれて、高度成長を続けることができた。その背景としては、景気の長期上昇期に適した、きわめてうまくできた仕組みがつくられていた。その仕組みを簡単にまとめておこう。

日本企業は、世界の総需要のたえまのない拡大を当てにして、マーケットシェアの拡大を戦略目標としてきた。そこでは、圧倒的なマーケットシェアをもつ大企業のトップグループのみが、大幅な利益を手中にできるという信仰に支えられていた。マーケットシェアをとろうということは、いいかえれば、売上げ至上主義ということである。この売り上げを最大にするという目的をめざし、

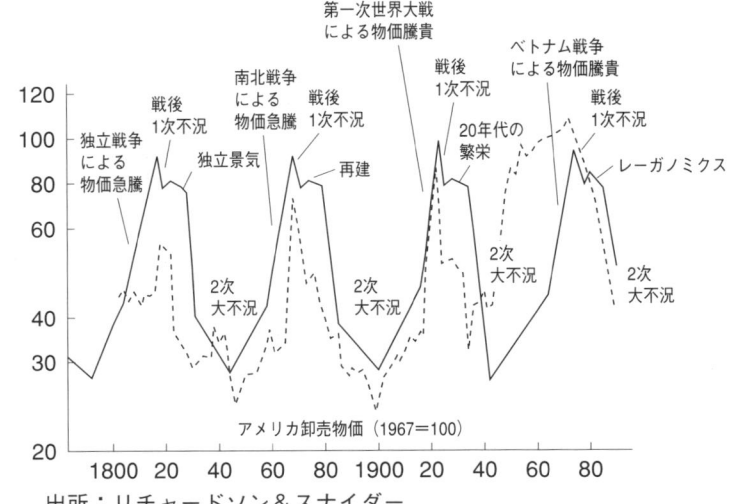

図表1　コンドラチェフサイクル

出所：リチャードソン＆スナイダー

日本企業は大変なシステムをつくり上げてしまった。
　つまり、大量の借金を銀行から借り受けて、膨大な設備投資を行ない、豊富な労働力とをあわせて、緻密な量産プロセスをつくり上げ、世界に冠たる日本製品の低価格販売を実現していったのである。このシステムによって、メイド・イン・ジャパンは世界市場を席捲していった。

図表2　設備投資サイクル

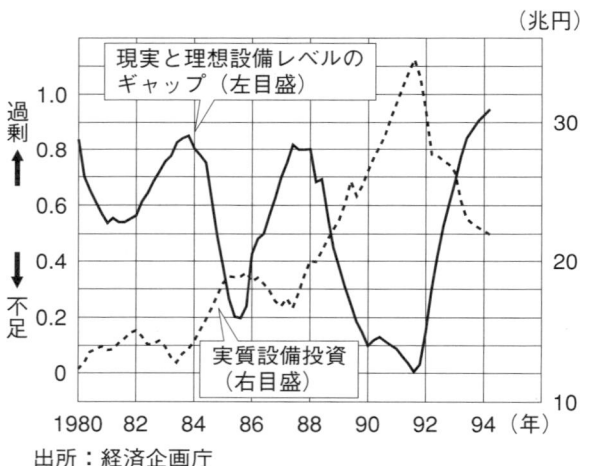

出所：経済企画庁

図表3　企業の対売上人件費率

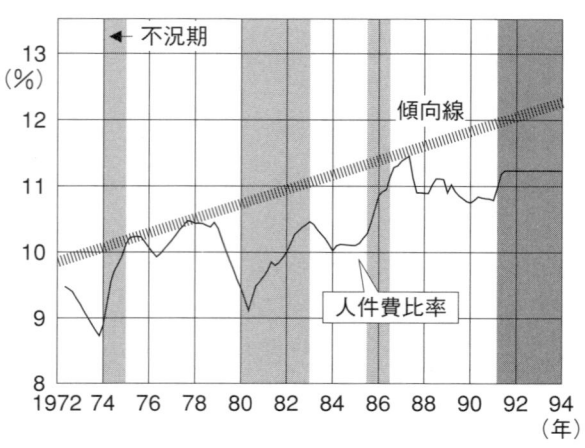

出所：大蔵省
「生き残る企業の条件」ダイヤモンド社1994より

このような仕組みの中で、銀行からの借金の担保は、土地の含みであった。日本の銀行が、本来の企業経営の価値をはかる基準をもちあわせていないために、土地という一見確実な担保が要求されたのである。日本人には、基本的に、見えるものしか信用しないという悪癖がある。

　さらに、この土地の価値が下がって担保価値がなくなってしまわないように、戦後の日本では、すべての参加者が土地の供給を絞ることによって、地価は必ず上がるという神話をつくり上げた。農家は土地を売らず、企業は土地を買い集め、都市住民は持ち家を求めた。

　こうして、土地がなければ、借金すらもできなくなってしまった。いわゆる土地本位制が布かれたというわけだ。しかし、逆に、土地の含みさえもっていれば、企業にとってたいていのことは何とかなるという安易な信仰が形成されてしまったのである。運転資金が足りなくなれば、土地を担保に銀行から借金をすればよい。設備投資をしたければ、やはり土地を担保に銀行から長期で借金をすればよい。営業損失を出せば、土地を売って赤字を埋めればよい、といった具合に、経営戦略は安逸に流れがちとなっていった。

　このような結果、日本企業の生産設備は常に増え続けてきた。また、従業員も常に増え続けてきた。借金も延々と増え続け、企業所有の土地も雪だるま式に増え続けてきた。戦後、仕掛けられたこのようなネジは、40年にわたって常に巻き上げられてきたのである。

　この仕組みに終わりがないと錯覚してしまえば、そこにはバブルへの道が待っていた。ある意味で、バブルとは、このような戦後日本の土地本位制のドンヅマリの帰結でもあったのだ。とはいえ、何事にも終わりは訪れる。

●土地本位制の終わり

時代は変わった。1990年を境にして、コンドラチェフ・サイクルが下降を始めるに至り、世界の最終需要は縮小してゆくこととなった。バブル崩壊を転機として、戦後40年かけて巻き上げられてきたネジは耐えきれなくなってついに切れてしまい、ズルズルとゆるんで巻き戻されてゆきつつある。平成大不況は、恐慌の様相を呈しつつ、長期に居座る気配を見せている。40年間の長期上昇期に対し、最悪の場合には、おそらく20年間にわたる長期下降期が待っているだろう。

　このような局面では、今までの日本企業の強みは、すべて弱みに変わってしまった。設備投資を過大にしてきた企業、土地・株などの資産を大量に保有している企業、在庫・売掛け金が過大に膨れあがった企業、借金漬けになっている企業、従業員を過剰に抱えてしまった企業などは、この平成恐慌の中で、倒産か否かの死活状態にまで追いこまれてゆくことになろう。こうして、90年代以降は、日本型の売り上げを追う企業よりも、アメリカ型の利益を追う企業が勝つ趨勢となってきたのである。これが、昨今の世界市場でのアメリカ企業の元気の良さと、それと対照的な日本企業の元気のなさの要因ともなっていると言えよう。

　アメリカの企業は、利益至上主義だから、売上げが上がるものでも利益の高くないものは止める。採算がとれないとなれば、さっさと撤退する。だから、彼らは生産設備をあまり持ちたがらないし、従業員もそれほど欲しくはない。成功するためには、企業の規模をそれほど大きくする必要はさらさらない。IBMなどのように、うかつにも企業規模を大きくしてしまった企業は、必ず失敗するということになる。これがアメリカ企業のパターンである。

したがって、日米の企業のシステムの違いというのは、パターンの違いであって、どちらが良いとか、どちらが勝つとかいうような問題ではない。世界の総需要が、つまりパイが一貫して上昇してゆく時、高度成長の時には、日本のシステムは成功した。ところが、バブル崩壊後、90年代の平成大不況に至って、世界の総需要が上がらない、逆に下がってゆくような事態になると、日本のシステムは大きな矛盾を抱えこむことになってしまう。これが、今、日本の多くの企業が苦しんでいる要因である。
　この苦しんでいる様相を、金融面、つまりカネにからんで、もう少し掘り下げてみよう。
　通例、金融引き締めで金利が上がると、企業の手元流動性は悪化する。逆に金融緩和で金利が下がると、企業の手元流動性は改善されて厚くなる。今までは、このようなパターンをくり返してきた。
　しかし、今回の平成大不況では、公定歩合が続々と引下げられて、０％金利という超金融緩和になったにもかかわらず、企業の手元流動性比率はあまり改善がみられない。逆にジリジリと悪化している。つまり戦後見たこともないことが、企業の財務資金面でも起こっている。カネの世界でも何かおかしなことが進行しつつあるのだ。
　このようなカネの面での手詰りが、今回の平成恐慌の特徴をよく表わしていよう。つまり、バブルの後の保有資産の不良化が、企業をして、流動性の不足に陥らしめている。地価や株価の下落のために、不動産や株式を担保にして銀行からの借金を増やすという、今までの錬金術が効かなくなっている。

図表4 手元流動性比率（季調済）

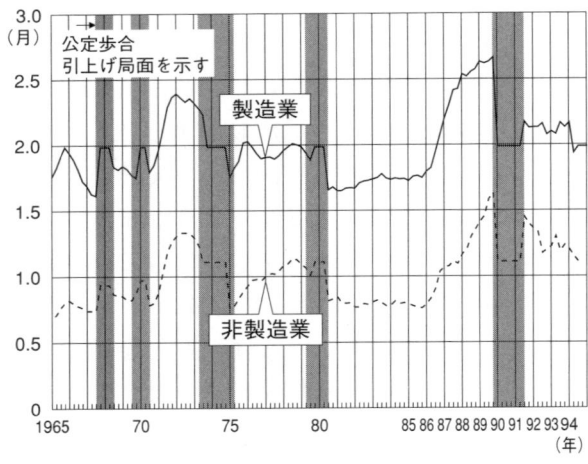

出所：日銀短観

「生き残る企業の条件」大竹慎一 1994 ダイヤモンド社

　金利水準をみても、デフレが継続的に進行しているため、名目金利は低くても、実質金利はかなり高い水準にとどまっている。この結果、資金コストがまたかなり高いので、企業としても資金取り入れが増やせない状況である。
　この企業の手元資金のカネ詰りを、銀行からみれば、いわゆる貸し渋りである。銀行には銀行で、貸し渋りをせざるを得ない事情がある。バブル以前に貸し付けていた資金の担保として、差し入れられていた不動産の価格が暴落し、担保価値を満たせなくなったために、追貸しどころか、担保不足分を返済してもらわないと、銀行すら保たなくなるという事態に追いこまれたのである。
　バブルの破裂のあとの地価暴落のために、不動産担保で資金を手当てするという錬金術がすっかり効かなくなってしまった。いわば日本の戦後高度成長を支えた土地

本位制が、すっかり使いものにならなくなり、終焉を迎えてしまったということなのだ。

図表5 三大都市圏の地価と名目国内総生産（GDP）

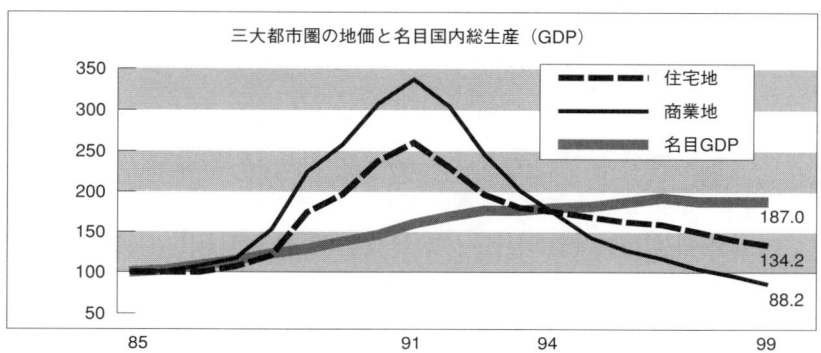

4 銀行をつぶさないと景気は回復しない。

　日本の景気が長期デフレ不況で低迷しているのは周知の事実である。そのため、インフレ期待論や円安による景気刺激論が、かまびすしい。

　しかし、わたしの考えでは、日本の銀行の存在こそが、景気回復の妨げとなっており、日本の銀行をつぶさなければ、日本の景気は回復できない。

　景気が回復するためには、マネーサプライが増えなければならない。だからこそ、日銀は公定歩合を極端に下げ、０％金利政策によって、金融システムに多大な流動性を供給している。このような低金利政策によって、銀行が市中に資金を提供すれば、もちろん当然の如く、景気は回復する。

　しかしながら、現実には、銀行はこのような資金供給を市中に出してはいない。いわゆる貸し渋りである。

　なぜ、このようなことにおち入るのか。その理由は、銀行の不良資産の存在である。銀行は、天文学的な数字にのぼった不良資産の償却のために、日銀から受けた資金や公的資金注入を使い尽くしてしまっている。市中に資金を貸し付ける余裕がない。それほど、巨額の不良資産におびえて、金融機関としては何もできない状況に落ちこんでしまっている。

　あるいは、別の言葉で言いかえると、資金を必要としている中小企業への貸し付けの焦げつきリスクが恐ろしくて、貸し付けよりも安全と目される、国債のみに資金を振り向けている。いわば、金融仲介機能をまったく果せない状況になっているのだ。

いわば、不良資産で首までつかり、おそらく債務超過になっているがために、銀行としては身動きもとれないあり様なのである。このような死に体では、いくら資金供給をしたところで、砂漠に水をまくようなものでしかない。
　したがって、このような状況では、死に体の銀行を助けることよりも、逆にそのような妨害となっている銀行をつぶしてしまった方が、逆に、市中にカネが回るようになるだろう。
　いわば、銀行という組織体をとおして、カネを配給するのではなく、マーケットがカネの需給を調整する時代にいよいよ入ろうとしているのだ。そのためには、銀行という邪魔者が、消えてなくなった方が、よほど市中にカネが回ってくる。
　とはいえ、現在の円安政策が続けば、いずれにせよ、銀行に最終的に引導を渡すことになろう。大幅な円安は、金利を上げる結果となり、日本国債は暴落する。国債を腹一杯ためこんだ銀行は、この不良資産のために、完全に殺されてしまうことになろう。
　日本の銀行に明日はない。早く安楽死させてやるべきだ。
　日本の戦後金融システムは、米の配給と同じようにカネの配給システムをつくったと考えれば理解しやすいだろう。そして、金融自由化は、米の自由化が米屋をつぶしたのと同じように銀行をつぶしつつある。闇米が成長したのと同じように闇金融が成長し、スーパーで米が売られるようにスーパーでカネの出し入れができるようになる。だから日本の銀行には米屋と同じ運命が待っている。
　この４月に起った、みずほ銀行グループのコンピュー

タ送金不接続トラブルは、またしても、日本の銀行の根本的欠陥を赤裸々に明るみに出してしまった。まず、富士銀にしてもDKBにしても、自分たちの「ムラ」の存続だけが関心事で、統合した銀行の利便などはどうでもよかったのである。また、トップにも、コンピュータ接続の重大不備は、十分に伝わってもいなかった。ということは、つまり、銀行の不良資産がどれだけあるのかということも、銀行内部で、認識している人間などはいないのである。

　倒れざるを得ない老いた大木は、中からすっかり腐り切っているのである。早く根元から切り倒し、引導を渡してやるのが、武士の情であろう。

　おそらく、政府が、この2002年4月から、ペイオフを導入した、ほんとうの真意は、いくつかの銀行をつぶさざるを得ない状況に直面して、その損失を政府一人がかぶるのではなく、国民全員に広く分配したいということであろう。とくに、大金を銀行に預金している、金持ちや企業、地方公共団体などに、その負担を大きく分担させようとの計いであろう。それを知りつつ、その企てに協力するか、回避するかは各人の判断といえる。

5 国債ははたして安全か

　銀行が4月から危険になったというので、さっそく、地方自治体でも、銀行預金を減らして、国債を買うところが増えている。日経の行なったアンケートでも、ほぼ半分の自治体が、公金預金の一部を債券運用に振り替えると答えている。実質的に、債券運用のマニュアルを作り、動き出しているところもある。

図表6 自治体のペイオフ対策

ペイオフ対策
26自治体が債券を運用

　全国五十九の都道府県、政令指定都市のうち、四月末時点で二十六の自治体がペイオフ対策として債券による資金運用をしていることが日本経済新聞社の調査で分かった。購入した債券は国債、地方債、政府保証債を合わせ三千九百億円近くにのぼった。名古屋市や新潟県など来年四月のペイオフ全面解禁に向けて債券運用を検討中のところも多く、債券市場で自治体の存在感が増しそうだ。

　購入した国債は残存期間が五年程度の中期債が中心。地方債で最も購入が多かったのは大阪府債で二百九十億円（二五％）、次いで大阪市債の百五十五億円（一三％）。政府保証債では九割を預金保険機構債が占めるなど、全体に一部銘柄への偏りが目立った。預金保険機構債の半分以上は神戸市が保有している。

　自治体の中には、富山県が同県債を五十億円、京都市が同市債を二十億円購入するなど、自ら発行した地方債を購入している自治体もあった。

2002年5月25日日本経済新聞

図表7　文京区債券運用指針

文京区債券運用指針
平成14年2月12日文収第604号収入役決定

（基本方針）
第1　公金の安全かつ確実な運用を行うため、債券による運用を行う場合は、安全性を最重要視することとする。
（運用対象）
第2　公金の運用対象としては、元本確保が見込まれる以下に掲げる安全性の高い債券とする。
(1)日本国債
(2)政府保証債
(3)地方債
(4)金融債（格付がシングルA以上）
(5)その他収入役が適切と認める公益的事業を行う法人の発行する債券（格付がシングルA以上）
（運用方法）
第3　中途換金の原則禁止
　　満期償還期限までの保有を原則とし、価格変動による中途売却時の元本割れを回避する。
2　運用期間
　　運用期間は10年以下とし、3年以上の債券を購入する場合は、財政課に協議するものとする。
3　購入価格
　　購入対象としては、購入価格（経過利子相当額を含む、以下同じ）が100万円以下（いわゆるアンダーパー）の債券を原則とするが、購入価格が満期償還価格に1回の利札（クーポン）受け取り額を下回るか同額の場合は、購入できるものとする。
（その他）
第4　収入役は、必要に応じて本指針の見直しを行うものとする。
（付　則）
　　本指針は、平成14年4月1日から適用する。

しかし、国債の運用というのは、そんなに安全なものなのであろうか？
　まず、債券には、金利変動リスクがある。つまり、金利が上がれば、債権の価格は下がる。したがって、金利が上がってゆく時に、債券を償還まで待たずに、途中で換金するとけっこう損をすることになる。
　金利の先読みというのは、経済学の中でも最も難しい仕事であって、簡単に予測はできない。とはいえ、現在の０％金利政策に基づく超低金利は、歴史的には、異常な時代の産物である。いつまでもこのような低金利が続くわけはない。景気回復のためと、不良債権に苦しんでいる銀行や企業の救済のために、日銀は０％金利を続けているが、遅かれ早かれ、このような誤った金融政策は修正されざるを得ない。その時には、急速に金利は上がることになり、債券価格は暴落することになろう。そのようなことが起るのは、単に時間の問題で、いずれやってこざるを得ないだろう。その時に債券を持っている者はコテンパンにひどい目にあうことになる。ついでに、国債を大量に保有している銀行の多くが、その時には、倒産の浮き目に合うであろうが。
　さて、このような金利上昇リスクに対して、国債の発行時に購入し、満期まで保有すれば、債券売買の損失は避けられる。多くの自治体でも、このように債券運用をするように、ガイドラインを設けている。
　しかし、このような運用方針だと、３ヶ月もののTBか、せいぜい１年以内の短期国債程度しか運用できない。そして、このような短期国債運用の現時点での問題は、０％金利政策のために、短期国債の金利が異常に低い点だ。とくに、生保や銀行などの購入も、このあたりに集中して、人気が高いだけに、異常に金利が低い。

あともうひとつのおもしろいやり方は、３年程度の中期国債を毎月少しずつ買っていって、満期償還が毎月やってくるように仕組む方法がある。この方法の難点は、毎月、少しずつどこかから余資がコンスタントに入ってくるのかどうかということと、仕組みが完成するのにどうしても３年ぐらいはかかり、その間、絶対安全かどうか、という点だ。

　つまり、日本国政府というのは、そんなに絶対安全かということだ。最近、Ｓ＆Ｐやムーディーズなど、債券評価機関は、日本国債のレーティングを下げ続け、ついには、イタリアよりも下となり、先進国の間では、最低の水準にまで落とされてしまった。彼らからみれば、日本国債のデフォルトのリスクは高まってきているのである。

　最近では、ロシアやアルゼンチンで、国債のデフォルトの危険を見せつけられてしまった。日本人は、日本はそこまでひどいことにはならないと考えている。しかし、わたしの考えでは、日本は、ゆっくりとロシアやアルゼンチンのあとを追いかけており、かなりの確率で、ロシアやアルゼンチンのような結末にまで至るのではないかと観ている。

　そうなれば、日本国債をもっているものは、倒産銀行に預金していたものと、大して選ぶところはないであろう。このリスクを考えると、国債への投資は、あまり誉められたものではない。

 # アルゼンチン危機

　さっそく、2002年3月にとんでもないことが起った。昨年暮、アルゼンチンで金融危機が勃発し、それ以来、アルゼンチン国債の利払いが滞りだしている。そして、ついにそれは、日本へも波及した。

　アルゼンチン政府が2000年9月に発行した第7回円建て外債、いわゆるサムライ債、の利払いが、2002年3月26日の利払い日になされなかった。アルゼンチン政府は、2001年12月に対外債務の一時支払い停止を宣言している。したがって、それ以来、利払いは滞っている。

　IMF（国債通貨基金）とアルゼンチン政府との金融支援交渉しだいであるが、しだいにデフォルト（債務不履行）のリスクは高まってきている。少なくともリスケ（条件改訂）は、避けられまい。

　さて、このサムライ債は、野村証券、日興ソロモン・スミス・バーニー証券が主幹事となって販売したもので、額面百万円から購入できるため、個人投資家に大変人気があったといわれる。

　ところが、個人だけにとどまらず、総務省の発表によると、地方自治体が出資する公益法人と第三セクターで、19法人が、総額34億5938万円分を保有していた。たとえば、北海道豆類価格安定基金協会の7億1千万円、福井県文化振興事業団の6億74百万円、福井県ファッション産業振興基金協会の5億99百万円、大阪城ホールの5億3千万円、というようなところが大どころである。

図表8　法人のアルゼンチン債保有額（単位百万円）

北海道豆類価格安定基金協会	710
翠生能楽振興会	9
東京防災指導協会	30
新潟県文化振興財団	100
新潟県国際交流協会	6
福井県文化振興事業団	674
福井県ファッション産業振興基金協会	599
福井県産業支援センター	100
福井県内水面漁業振興会	10
長野県消防協会	25
香川県民間社会福祉施設振興財団	50
香川県ボランティア基金	50
愛媛県水産振興基金	68
港北ニュータウン生活対策協会	150
㈱横浜交通開発	20
大阪城ホール	530
品川区文化振興事業団	165
宝塚市文化振興財団	100
出雲市教育文化振興財団	60
合　　計	3,459

　驚くべきことは、アルゼンチンのようにリスクの高い国への出資に、ほとんど海外の金融事情を知らない、地方自治体関連の職員が、これだけ巨額の資金を投入したことである。

　わたしは、1998年のアジア通貨危機の際に、次はアルゼンチンだと、お客には警告を発していた。金融のプロから見れば、アルゼンチンほど恐い国は、そうざらにはない。

　にもかかわらず、安直に投資がなされた背景としては、

以下のような事情があろう。

　まず、第一に、国家・政府は絶対に大丈夫だという盲信が、日本の一般大衆には根深くある。私的企業や個人であれば、どんなに健全で、成長してゆくものであろうと、絶対に疑って、カネを入れない人が、政府という名前を聞くと、簡単に騙されてしまう。世の中を知らないことの落とし穴が、待ちかまえているといえよう。

　第二に、日本の大証券や外資系証券会社は、金融商品の押し売りのしやすいカモを必死になって捜している。われわれプロのファンドマネージャーは、彼らにとってはうるさい客で、なかなか云う通りには売買してくれない嫌な客だ。それよりは、彼らの言いなりに動いてくれるナイーヴでバカな客を歓迎する。最近、有名になってきたことは、地方に行くと、自治体関係のナイーヴでバカな職員が、大金をもって、ホイホイと、彼ら証券会社のすすめるものをハメ込んでいる、ということだ。そこで、そういう所が、発掘されると、ここにバカが居るという旗が立てられ、カモ狩りに皆で殺到するそうである。こういうカモにならぬよう、担当者は勉強するしかあるまい。

　第三の大きな問題は、異常な低金利が長期に居座って、一般の人々にとっては、定期預金では、金利らしい金利を稼げなくなってしまい、高利回りを与えてくれる何らかの金融商品を、八方手を尽くして、捜さざるを得なくなったことである。０％金利は、バブル崩壊後のデフレ不況回復のためと、銀行の不良資産解決のために、無理強いに続けられているが、逆にこの結果、国内貯蓄は、アルゼンチンサムライ債など、海外に流出しているし、本来倒産していなければならない限界企業が延命し、かえって重しとなって景気回復を防げている。

●アルゼンチン危機

ほんとうに、景気回復と銀行の不良資産解決を図りたければ、前述したように、金利を上げなければならない。
　そうすれば、海外に流出していた国内貯蓄も、国内の高金利金融商品に帰ってくることになり、日本国内への再投資となって、国内景気の回復にも貢献することにもなろう。しかし、そのように金利が上がれば、国債価格は暴落し、絶対安全でリスクのないという国債神話は崩壊するだろう。国債に群っていた銀行や投資家は破産の危機に直面するだろう。
　いずれにせよ、日本国債は、ついにイタリアを越え、ロシア、アルゼンチンの後を追いかけている。日本がアルゼンチンのようになるのは、単に時間の問題であり、避けがたいことといってよかろう。

地方債の活性化

　今までの地方債発行は、生保や銀行など金融機関へのはめ込み引き受けが圧倒的に多かった。いわば、護送船団方式のポートフォリオに組み込まれることが多かった。このような環境の下にあっては、地方債の発行は、交付税と同じような発想で行われ、それほど格付けのことなども配慮する必要もなかった。

　しかし、金利の自由化と地方公共団体の財政赤字の拡大、および、金融機関の不良債権拡大などのために、地方債が、そう簡単に、金融機関のポートフォリオにはめ込まれる時代ではなくなってきたのである。地方公共団体としても、債券市場というマーケットに直面しなければならなくなってきた。

　このような中では、彼らとしても、なんらかの対策を打たねばならなくなってきたと言えよう。

　地方公共団体も、国と同じように、債券を発行して、借金を集めることができる。しかし、この債券は借金である以上、カネを返せるのか否かのレベルに応じて、債券の良し悪しがある。良い債券は投資家の間で取引されるが、悪い債券は、投資家からそっぽを向かれる。

　わたしも、昔、神戸市のマルク債を大量に保有していたことがあり、この神戸市マルク債は、良い債券として投資家が殺到した、成功した債券であった。

　それに反して、アルゼンチン国債などは、デフォルトを起こし、投資家に大損をさせた悪い債券である。

つまり、投資家は、この債券の良し悪しを事前に判断せねばならない。この債券の判断基準を個々で解説しておくことにしよう。いわゆる債券の格付けの問題である。

借金は返さなければならない。つまり、債券の良し悪しは、返せるかどうかの判断にかかってくる。

この場合、地方公共団体であっても、一般の私企業と似たような評価を、債券市場から受けることになる。成長性、安定性、効率性の観点から、ためつすがめつ、事細かに検討されるわけだ。

ただ、公的機関と私企業とで、大きく判断が違うのは、成長性の観点だ。私企業では、利益の成長性が高いと、少々財務の安定性が悪くても、かなり高い評価を受けることができる。この点、地方公共団体では、利益の成長性はそれほど期待されていない。それより、財務の安定性が厳しく要求されることになる。

さて、地方公共団体にとっての財務の安定性とはどのようなものであろうか？

まず第一に、税収と財政支出のバランスが問題となる。もちろん、税収不足でアンバランスになっているからこそ、公債を発行してカネを集めるのであるが、バランスが達成される見通しが立たないと、公債の格付けはどうしても低くならざるを得ない。

たとえば、その公債で集めた資金によって、なにか事業をはじめるとなると、その事業の採算性について、かなり詳しい検討がなされざるを得ない。

おおむね、地方公共団体が予定する採算計画は、かなり杜撰なものが多く、今まで景気が良かったから、このまま需要も増えていくという程度の判断で、採算計画が

なされているに過ぎない。つまり、今までの成長傾向線を延長して、計画しているだけのものが多い。

これに反して、われわれマーケット側の予測は、景気循環のために、これから一時的とはいえ、需要がかなり下がるから、このプロジェクトの採算は、しばらくとてもとれないことになるだろう、したがって、この公共団体の収入不足はさらに悪化するだろうから、この公債は、とても引き受けられるものではない、という判断を下すかもしれない。

このような結果、公債の格付けが下がると、クーポンの金利が上がってしまって、利払いの金額が、相当にかさんでしまうことになる。まして、投資不適格のジャンク・ボンドにまで認定されると、異常な高金利債となってしまう。ただ、マーケットには、このようなジャンク・ボンドを好む投資家もおり、売れ残りが出るということを気にする必要はないが………。

いずれにせよ、税収とか事業収益について、マーケットはあまり甘い見通しを持っていない。それよりは、財政支出の方をかなり問題にする。不要な支出やいいかげんな費用が計上されていないのかどうか、という点だ。とくに地方公共団体は、外注費とか人件費がかなり甘いので、民間企業と比べて、どれだけ厳しくしているかによって、当然、格付けも差が出てこざるを得ないだろう。

債券格付け機関は、けっこう色々な事を詳しくチェックする。

まず、公共団体の過去の財政や経営の歴史をレヴューする。おおむね、ここに財政赤字があるからこそ、債券を出すわけだが、過去の経営が悪ければ、もちろん減点対象だが、今後の改善の可能性の多寡が重要なポイントだ。

● 地方債の活性化

そこで重要なポイントになるのは、経営戦略だ。つまり、どのような戦略で、住民の厚生を最大化し、コストを最小化させて、うまくカネを使って、また、財政赤字を減らしていけるかだ。

債券を発行してカネを集め、なんらかの事業をする限り、その事業からの収入を増やし、なおかつ費用を減らすことに務めなければならない。格付け機関としては、その事業の運営がそのような観点から、うまくゆくのかどうかかなり厳しくチェックしてゆくことになる。経営者が、まともなビジネスモデルをちゃんと持っているかどうかということを見るわけである。多くの第3セクターが実施しているプロジェクトは、この観点から、かなりの減点をされざるを得ないであろう。

また、同時に、財政上の運営も厳しくチェックされる。流動性がかなり高いのかどうか。つまり、キャッシュフローが順調に回って現金回収がうまくいっているのかどうかということである。未集金の回収が迅速になされていないと、やはり高い得点をとることはできない。

このように一般企業に対すると同じように、地方債もマーケットからは厳しく判定される。日本国債の格付けが下がってゆくのも、日本の景気が沈没してゆく中で、政府が無策である以上、当然のことなのだ。なにも世界第2位のGNPだから、格付けが上がるわけではない。大きいことではなく、質の良いことが問われるのが、マーケットなのだ。

地方債発行の新しいスタイルのひとつとして、最近脚光を浴びているのは、県民債、市民債である。

販売対象を県居住者、県内在勤者、県出身者などの個

人に限定した公募地方債で、2002年3月に群馬県を嚆矢として発行されたが、なかなか一般の評判は良い。金利も国債よりは少し高めであり、おりからの銀行ペイオフ不安もからみ、個人投資家の関心は高まりつつある。

地方債発行の一つのやり方として、今後、興味深いものではあるが、ここにもかなり問題があると思われる。

まず第一に、一般個人投資家の場合、地方財政の悪化がそれほど認識されてはおらず、税収不足の単なる穴埋めとして、個人投資家が、地方債発行者に利用される危険が高いこと。つまり、財政規律に対する歯止めがなくなるリスクが高くなることである。財政赤字補填のために、安易に、県民債・市民債が発行されるようになりかねない。

第二に、5年の満期一括償還方式をとるケースが多いが、途中売却を希望する個人投資家のためにも、セカンダリーな当該債の売買市場が形成されるべきである。少なくとも、売却希望者のために、地方債発行者が、中途買取をせねばならないだろう。

仮に、このようにセカンダリーなマーケットが形成されると、今度は、金利変動リスクが生じてくる。とくに、現在のような異常低金利の時には、いずれ、金利が急上昇するリスクが付きまとわざるを得ない。その時には、債券価格は急落することになる。

そのような危険性を、一般個人投資家が、十分に理解しているとも思えないわけだ。

いずれにせよ、以上のようなことも踏まえて、県民債・市民債といえど、格付けが極めて重要になるといえよう。

 郵便貯金は安全か

　銀行預金が、ペイオフによって払い戻しがなされないかもしれないという危険があるから、郵便貯金にシフトする一般の人々が多いようだ。しかし、郵便貯金は本当にそんなに安全なのだろうか。

　一般の人々は、政府が運営しているから大丈夫だと考えているようだ。しかし、ロシアやアルゼンチンなどの例のように、政府が真先に崩壊するケースだってある。日本にはそんなことは起こり得ないという人は、あまりにもノー天気といわざるを得ないだろう。

　まず、郵便貯金は、厚生年金や国民年金とともに、財務省資金運用部に預託され、そこから、約四分の一が国債に投資され、約四分の三が、財政投融資に支出される。

　この第二の予算と呼ばれる財政投融資が、大変な曲者である。この財投は、特別会計・政府系金融機関・地方公共団体・公団・公社などに支出され、総額で、400兆円前後にものぼる。

　この中でも、とくに、公社・公団が問題である。今般の小泉改革でも、このような公社・公団の廃止が、重要政策のひとつになっているが、大赤字を抱えつつ、しだいに時代にあわなくなり、不要になりつつあるからである。たとえば、石油公団しかり、道路公団しかり、というように。そして、いくつかの公団公社では、一兆円を超える膨大な金額が、回収不能になっていることが、既に暴露されている。

図表9 財政投融資のしくみ（兆円）

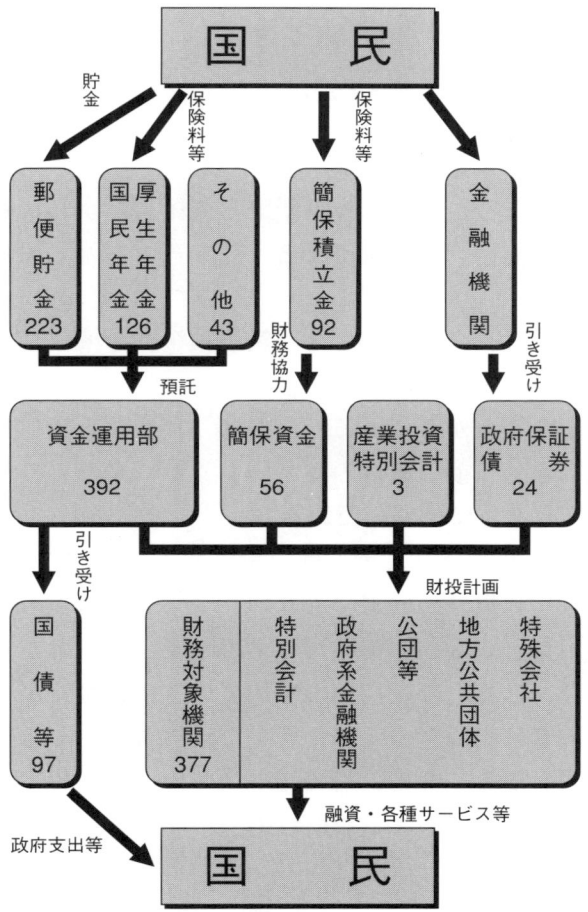

出所：大蔵省「財務リポート'97」

「ジパン戦記Ⅰ」大竹慎一 1998 フォレスト出版より

わたしの概算では、財投400兆円のうち、ほぼ半分の200兆円が、不良資産化していよう。つまり、郵貯・年金資産のうち半分強は不良化しているとみればよい。

このカネは、返済されることが難しく、利払いすら、今後は難航してゆくものとなろう。つまり、郵貯に、財投からカネは回ってゆかないということだ。

そのような由々しき事態であるにもかかわらず、郵貯はなぜ高い利回りを預金者に支払うことができるのだろうか。

これは、今年入ってきた新規預金、キャッシュフローインで、十年前の預金の払い戻し、キャッシュフローアウトを賄うからである。いわば、利益から金利を払うのではなく、前の人への支払いを後から来た人の預け入れから行なってゆくのである。

このようなシステムは、世間でもよく知られている、ネズミ講以外の何者でもない。ネズミ講は集めた資金の運用などしない。集めたカネの大半は主宰者たちの懐に入り、ごく一部が初期の参加者の手にも渡るが、大半の参加者は出資金のすべてを失なう被害者になる。その基本的なからくりと、総資産の半分以上が、政治家と役人に費消されてしまった財投の運用実態を見れば、郵貯はまさしく「政府経営のネズミ講」そのものであろう。

このようなネズミ講システムが崩れるのは、キャッシュフローアウトがキャッシュフローインを上回る時である。つまり、十年前の預金の払い戻しを今年の新規預金で払いきれなくなる時である。

今までは、郵貯は、国営であることの安心感と、民間金融機関の倒産リスクの高まりのために、預金はひとり集中して増えてきた。ところが、ここ２年くらいは、さしもの郵貯でも、貯金残高が減り出してきたのである。

いよいよ、ネズミ講が破綻する時も、刻々と近づいてきつつある。

郵貯がまともになるためには、ドイツがやったように、民営化するのが、最善の手であろう。ドイツは、郵便部門と貯金部門を切り離して、貯金部門をポストバンクとして独立させ、経営を民営化させた。もともとドイツの郵貯には不良資産が少なかったからできた術であろう。この民営化は成功し、ドイツポストバンクは今まではドイツ最大にして最善のピープルバンクとなっている。

ひるがえって、日本の郵貯では、これだけ利権にまみれ、不良資産づけになってしまっては、改革抵抗勢力としては、民営化など、以ての外であろう。この200兆を超える不良資産の責任を誰がとり、誰がそのツケを払うのかが、はっきりしなくては、とても民営化などは覚つかない。

とすると、郵貯はどうなるのか？

おそらく、財投・郵貯の不良債権問題が、本格的に検討されようとする時、今のところ静かに潜行して進みつつある郵貯からの引き出しが、あっという間に、郵貯への取り付け騒ぎとなることだろう。このような集中的な取り付けによって、解約が殺到すれば、今まで、郵貯の経営を支えていた、巨額のキャッシュフローインが、逆に突発的なキャッシュフローアウトとなって、たちまちネズミ講の取り付け騒ぎとなる。

この時、政府に残された手段は、ただ一つしかない。それは、昔もやったことのある、「預金封鎖」である。

1946年2月16日、進行するハイパーインフレに悩まされていた政府は、「金融緊急措置令」を公布した。一般に、新円切替・預金封鎖といわれたしろものである。

その内容は、①銀行・信託などの預金および郵貯の支

払い停止（つまり封鎖）、②流通している日銀券（いわゆる旧円）は3月2日で失効、③新円を発行し、2月15日から3月7日までに旧円と1対1で交換、④新円交換の限度は一人当たり100円とし、残りは預金として封鎖、⑤封鎖預金の払い戻しは、生活資金として世帯主月額300円、世帯員一人につき100円、というところが骨子である。

　まさしく、ロシア、アルゼンチンなみの荒療治をやってのけたのである。こののち、最終的にインフレが収束して、預金封鎖が解除されたときには、新円は旧円の価値の100分の1以下にまで下がってしまっていた。

　結局、この預金封鎖によって、最も打撃を受けたのは、小ガネを蓄えていた、金利生活者、年金生活者を中心とした、いわゆる中間層であった。政府のもくろみ通り、損失を政府だけが負担するのでなく、負担できるカネを持つ者に、広くまんべんなく損失をバラまくことができたのである。

　今回の財投・郵貯の不良債権問題も、行きつくところまで行けば、政府はその最後の切り札を切るところまで追いつめられるであろう。そもそもペイオフ解禁をやったのも、そこまで行くスケジュールのひとつのステップとしての措置と視ておくのが、正しい情勢分析だ。

　そういうことであれば、銀行が危ないから、郵貯へ行くというのは、飛んで火に入る夏の虫といったところか。

9 外資銀行は安全か

　日本の銀行が危ないというので、欧米系の外国銀行に預けかえようという人がいる。果たして、外国の銀行は日本の銀行より安全なのだろうか。

　欧米の銀行は、本国では既にペイオフがあたり前のことになっている。したがって、現地の人々は、つぶれる可能性の高い、危ない銀行に、預金を大量に入れておきはしない。また、銀行のディスクロージャーも、日本よりは公開度が高いだけに、経営の危なくなりつつある銀行は、一般の人々でもウスウスは分かる。また、Ｓ＆Ｐやムーディーズなどの格付け機関もよく調査しているだけに、彼らの格付けの信用度も高い。また、株価も銀行の信用度が悪化すれば敏感に反応する。

　そのようなわけで、欧米の銀行は、倒産しないよう、経営も努力しているし、それなりの手を打っていて、金融業務にそれなりに熟練してはいる。日本の銀行のように護送船団で守られていて、ペイオフが初体験というわけではない。したがって、変な不良資産を持たないよう、銀行の経営陣もかなり気をつけている。

　とはいえ、銀行の倒産がまったくないわけではない。というより、今まで、けっこう多くの銀行の倒産があった。90年代のアメリカのＳ＆Ｌ（セーヴィング＆ローン、貯蓄貸付組合）危機しかり、ロシア危機しかりである。いわば、海外では銀行の倒産なれしているといったほうがよいだろう。

　ということは、海外銀行の日本支店は、けっこうしっかりやっていたとしても、本国の銀行が倒産して、ある

日突然、日本支店も閉鎖ということは、起りかねない。とくに、外資銀行の場合は、ペイオフの預金保護の対象ではないので、倒産した場合、預金は全額返ってこない。

つまり、かなりしっかりした金融知識をもって、銀行の安全度を経営指標から見てとる力がない限りは、外資系銀行とはつきあえないということだろう。

また、その点にもからむことであるが、外資というのは、儲からない限り、仕事はしない。つまり、利幅の薄い客は、相手にしないということだ。預金だけではなかなかつきあってはくれず、その銀行がつくった種々の金融商品をハメ込まれることになりかねない。

その際、こちらに充分な金融知識がなければ、言いなりで変なものを押しつけられかねない。彼ら外資は、個人の無知を食いものにすることになんら躊躇せず、個人が、その後損失で苦しむことにもなんら痛痒を感じない。単に鴨がネギをしょってきたと思うだけである。

アルゼンチン国債の例をもち出すまでもなく、地方公共団体・公社・公団などというのは、彼らがターゲットにしているバカの集団でもあり、とても彼らとはつきあいきれないであろう。やはり外資系銀行を使いこなせるのは、裕福なセミプロのみであり、それ以外の人は蚊帳の外と考えておくべきだ。

しかし、逆に言えば、彼ら外資とつきあえるくらいの金融的知識がなければ、これからは、日本の銀行の良し悪しも見分けられないと、肝に銘ずべきでもある。油断も隙もあったものではない時代が始まったということであろう。

⑩ 債権・債務のマッチング

　銀行に預金するにはかなりのリスクがあり、国債も危なく、郵便貯金も危険だとすれば、いったい、余資の運用はどうしたら良いのか？
ひとつの解決策は、あまり余資というものをつくらない方がよい。いつも余ったカネがそれほどないような状態で走るのが一番良い。しかし、それでは大きなカネがいる時にどうするのかという疑問が湧いてこよう。

　大きなカネを払うのは、大きなカネが入ってくる時に行なうようにすればよい。いわばカネの受け払いのタイミングをあわせることで、民間企業では、けっこう昔から苦労しながら、経験を積んできていることだ。経営体としては、当然しておかねばならないことで、地方自治体としても、まじめに取り組まねばならないことだろう。

　バランスシートの債権（アセット）と債務（ライアビリティ）のバランスを時間的にも平準化してゆこうという態度で、これをきちんとやっていると、安易に銀行借り入れに頼る必要はなくなる。そうなれば、銀行に歩積み両立てをされて、不要な預金を強制されることもなくなる。こういうバランスシートの量的・時間的な平準化こそ、財務経理活動の根本ともいえよう。

　しかし、地方自治体の大きな問題は、一年の特定の時期に法人税の支払いが集中して入ってくることだ。したがって、税入金後は、潤沢な余資があり、税入金前は、カネが不足して、借金に依存せねばならない。

　これは、制度の改変が、絶対に必要だ。法人税の支払いを、所得税なみに毎月といわないまでも、三ヶ月に一

回程度に変える必要がある。

　とにかく、経理上の大きな問題というのは、カネの受け払いで、年間に大きな山や谷があることである。これをならして平準化することで、カネの非効率な運用を避けることができるのだ。

　多くの民間企業では、毎年6月の税金支払いのための資金調達が、いつも頭痛の種であり、たいていは、銀行に頭を下げて、大枚のカネを借りないといけない。それがうまくいかなくて、税金倒産に陥る企業すら出てくるくらいだ。

　それが、3ヶ月に一回くらいで、金額がならされてくれば、銀行借り入れなどせずに、本来のキャッシュフローから税金を払ってゆくことができる。

　地方自治体としても、入金がならされれば、それにあわせて、出金を払っていけばよいわけで、これまた、カネ不足の時に、借り入れを起す要はなくなる。

　今回の銀行倒産危機をひとつのチャンスとして、このような税制の制度改革にまで突き進まない限り、根源的な問題の解決にはならないだろう。逆に言えば、制度改革のために、銀行危機が起ったともいえる。

⑪ 在庫

　企業にとって、売上げを上げるためには、在庫を積んでおかねばならない。しかし、在庫を増やしすぎると、あまりにカネがかかって損失を出しかねない。これは企業経営にとって大きな矛盾だ。在庫というものは怖いものだ。

　地方自治体にとっても、なにか仕事をはじめる前には、それに必要なものを買い備えておかねばならない。これが在庫になる。

　企業行動では、モノがよく売れるために、前向きに在庫を積み増す場合でも、モノが売れなくなったために、後向きに在庫が積み上がってしまう場合でも、同等に利益を蝕む。放っておけば在庫は、現金収入にはならず、金利はかさみ、期間人件費や倉庫料などのコストが増えてしまう。下手をすると、売れる前に、買掛け金の支払決済をしなければならなくなる。在庫が倉庫から消えて、現金が入ってきた時にはじめて、企業行動は首尾一貫した行動の環を閉じることになる。

　したがって、企業経営にとっては、在庫は適正に管理されねばならない。しかし、今までの日本の企業は、一部を除いては、適正な在庫管理をどちらかというと、バカにしていた。とくにメーカーの場合、工場の声が強まるために、在庫が増えがちになる。工場の立場には、メーカーとしての供給責任があるため、不足しては大変だという意識があり、なるべく多めに生産する。また、大量に生産すれば単価は下がるという幻想があるから、たくさんつくって、大量に貯めておきたいという意識があ

る。そこで、在庫減らしのための生産調整を極端に嫌う。どうもこういうところでは、在庫のコストを生産単価に入れてはいないようだ。そのため、生産性の増加を量産でしのごうとする意識が強い。その結果としての過剰在庫は、販社や取引き先に押しこめばよいという傾向に走りがちとなる。

　この在庫を適正な水準に維持するということが、企業経営にとって非常に大事だと言うことは、企業にかかわるものは誰でもよく知っている。しかし、現実的にはなかなか実行されてはいない。わかってはいるのだが、ついつい、やれないでいる。そして知らぬうちに在庫が貯まってしまう。最悪の結果は、旧ソ連の国営工場のように、誰も要らないものを、せっせと生産し続けて膨大な在庫を積み上げてゆくことになる。おそらく、地方自治体のやっていることも、これとそれほど変りはしないだろう。

　このようなことを避けるためには、経営として、かなり意識的に在庫を切り下げる運動を起こしていかなければならないわけである。在庫がいけないのは、在庫として棚卸し資産に計上されている間は、使われないモノとして滞溜しているからである。まだ使われていない、あるいは全く使われることが予想されないモノを、地方自治体は、かなり抱えているといわれているが、こういうモノが滞溜していると、その分、カネを食ってしまうわけだ。これが資金過不足の原因となる。

　だから、在庫の棚卸しを頻繁にやって、棚卸し資産をなるべく薄くしておかねばならない。そもそも、地方自治体では、在庫資産の計上をバランスシート上に、きちんとなされているのであろうか。

　いずれにせよ、在庫を減らして経営をスリムにしない

と、カネは出てこない。機械であれ、備品であれ、モノは、使われるべきところにさっさと転送されて使われないと、経済効果は発揮できない。途中で倉庫に滞溜しているのは、時間とカネの無駄使いとなる。モノというものは、書類上で売買し、搬入搬出がなされたらそれで終わりということではないのだ。実際に使われるところへ運びこまれるまでは、無駄が費されているのである。

●在庫

12 売掛金・未収金

　企業の営業活動から上がるキャッシュフローを大きく変動させる主な要因として、流動資産の変動がきわめて重要である。日々の運転資本の変動は、ほぼこの流動資産の変動で説明することができる。この流動資産の最大のものは、在庫とならんで売掛け債務の残高である。

　売掛け債務の回転を上げれば、カネ回りが良くなる。この回収を無視して売上げを伸ばせば、必ずカネ回りは悪くなる。

　地方自治体に関していえば、税収を、前章でわたしが提案したように、分散してコンスタントに受け入れるようになれば、カネ回りはよくなる。その税収の受け入れを無視して大きな支払いを起こしてしまえば、もちろんたちどころにカネ回りは悪くなる。

　さて、われわれ企業に関係する者が、売掛け金に拘泥するのは、あくまでも、売上げの性格をつかみたいからである。売上げというものは、売り手にとっては二重の性格をもっており、喜ばしいとともに、非常に恐ろしいものである。モノやサーヴィスを売って、売上げが立ったからといって安心はできない。その売上げ代金が手もとに回収されてみないと、はっきりと企業活動が終了したとはいえないのである。

　売上げが増えたからといって、利益が増えるとは限らないのが、むつかしいところだ。逆に、無理に売上げを増やせば、往々にして、利益は減ってしまう。たとえば、大幅な値引き販売をやったり、客先の支払いの回収が長くなったり、あるいは、取りっぱぐれが生じることで、

利益を著しく傷つけることになる。いわゆる骨折り損のくたびれ儲けであり、利益なき繁忙だ。

　自治体でいえば、未収金の問題であり、未収金のまま、バランスシートに放置されていれば、実際に使える現金にはならないのである。

　地方公共団体のバランスシートでは、税金の未収金が貸し方で、未払い金が借方で立っている。おおむね一般に、未収金がいつもけっこう大きく残っており、未払い金が、時期的に大きくなったり小さくなったりしている。つまり、未収金と未払い金の資金過不足は、それほどうまくマッチングしていない。

　けっこう優秀といわれている企業でも、そのバランスシートを良く眺めてみると、買掛け債務、いわゆる未払いの長い企業がよくある。売掛け債権は２〜３ヶ月であるにもかかわらず、買掛け債務が５〜６ヶ月を超えているところなどがある。このことは明らかに支払いを遅くして、資金繰りを楽にしようと図っているわけだ。こんなことをしていると、サプライヤーやエージェントには決して喜ばれない。まさかの時に、えらい報復を受けるのみである。また、突然、買掛け債務の期間が短くなった時に、急に資金ショートを起こし、極端な場合には、不渡りにまで追いこまれないとも限らない。支払いを長くして、資金繰りを楽にした結果、利益が上がったなどと思うのは、明らかに錯角でしかない。

　したがって、企業・団体の経理のあり方としては、売掛債権と買掛債務、つまり未収金と未払金の期間差をせいぜい一ヶ月ぐらいに置きつつ、両者ともに短かくしていくことに努めるべきだろう。一部には、回転差を長くして、つまり、売掛債権・未収金の回転期間を短かくし、買掛債務・未払金の期間を長くしようと努力する企業・

●売掛金・未収金

団体があるが、これこそ邪道である。買掛け債務・未払金というのは、もう他人の金である。他人の金はさっさと早く返すべきなのだ。さもないと、必ずしっぺ返しに、いずれ襲われることになる。まして、デフレという御時世では、買掛け債務は短かくなる傾向にあるものだ。

こうして、債権債務の精確なマッチングに常時努めて、大幅な資金過不足を生じないように対応することが、企業・団体の資金担当者にとっては、たいへんに重要な職務となる。これをミスすると、どうしても銀行に大幅に依存せざるを得なくなるわけだ。

このためには、かなりしっかりとした、資金繰り計画表をつくっておかねばならない。とくに、未収金、未払金の項目を充実させて、その金額、期日、過不足を出納長自身が作成し、なおかつ、資金過不足にあわせて、期日をある程度、柔軟に変動できるよう仕組んでおかねばならないわけだ。

気をつけておかねばならないのは、これはあくまで、資金過不足を平準化するための操作であり、資金余剰をつくるための方策ではない。余剰金を銀行に預金したら、倒産してペイオフで持っていかれるより、払うべきところへさっさと払っておいた方が、よほど国民経済に奉仕するというものである。

このように、資金滞溜の無駄を省けば、銀行への預金も、銀行からの借金も大幅に減らしてゆくことができよう。

13 設備投資と減価償却

　企業・団体は、建物・機械など大きな設備を設置する時に、かなり巨額の資金が必要になる。この資金をどのように調達してくるかは、重要な経営上の意思決定となり、これをまちがえると、後代に大きな禍根を残すこととなる。

　土地本位制が隆盛な時代には、不動産を担保に、銀行から借り入れをどしどし起していた。あるいは、資本市場から、債券や株式発行という形で、資金を調達していた。この際土地担保さえあれば、あたかも無尽蔵に、カネを引っ張り出せるという錯角に、多くの人々は支配されていた。

　地方自治体でも、ホテルと見まちがえるほど立派な市庁舎や公民館が、昨今は立ち並んだが、その結果、膨大な有利子負債が残されている。

　岡山に建部の森リゾートホテルという、ゴルフ場とリゾートホテルを組み合わせたものがあった。バブルの頃、西武が中心となって開発し、第3セクターで運営していたものである。

　しかし、ご多分に漏れず、バブルの頃のゴルフ場なので、初期投資が高いにもかかわらず、アクセスが悪く、また、冬はほとんど使えないので、閑古鳥が鳴いていた。

　したがって、10年以上にわたって、赤字を累積していた。

　そして、遂に、昨年、西武がリゾート関連を大々的に

整理した時に、この建部の森も閉鎖され、残った施設はバルクの一部として売却された。

総額で、開設以来、15億強がつぎこまれているが、最終年度のバランスシートは、債務超過となっており、本来なら価格がついて売れるものではない。十把一からげのバルクとして、せいぜい数千万円で評価されたと思われる。（バルクの値段は、総投資額の１〜３％が最近の常識だ。）

そしてこのような第３セクターは、全国に五万とある。これから、どんどんとバルク売却の件が続出してくるだろう。その時、地方公共団体・第３セクターは、隠れた不良資産による赤字を、明示せねばならない。

おのずから、ものには限度があり、設備に投資する際、何を基準に投資をしてゆけば良いのであろうか？　カネのコストはタダではないのだ。

日本では例外的な優良企業の設備投資は、毎年のキャッシュフローの範囲内に納められている。つまり、現金が入ってこない限りは、設備をつくらないというわけである。このような政策は、きわめて安定的な結果を生む。

おおむね、日本企業の多くは、景気のピークで、膨大な設備投資に打って出て、失敗する。その設備ができ上った頃、景気は不況局面となり、その設備は余って稼動できず、欠損に苦しむ羽目になる。

これに対し、キャッシュフローの範囲内で設備投資をしていれば、景気の浮き沈みに左右されることはなくなるのだ。逆に、不況の時に、かなり安く設備を設置することができるようになる。

日本企業は、常々、ROI（投資利益率）を考えずに、設

備に投資する。投資に対してどれだけの収益が上がるかを考えずに経営をしている。多くの企業では、その投資によって上がる利益以上の資金を設備投資に注ぎ続けるという、損をするために投資をするようなことが平然と行なわれている。まさしく利益なき繁忙を歓迎するというわけだ。生産能力の向上が、最高善であり、そのためには、損をしようがかまわずに投資をする、というより、利益が出るのか損を出すのかまったくかまうことなしに、投資決定するというメンタリティーが日本企業を支配している。これは、土地本位制とその土地担保による借金の容易性によって、資金コストはタダだという発想が根底にあったからだ。

　地方公共団体の巨大な設備投資の例としては、たとえば、長野県でも問題になっているダムだ。しょせんダムというものは、一時的には水利や発電の効率性を上げたかのように見えるが、長い目で見ると、森林を土砂の堆積に変えて治水を悪化させ、巨額の設備投資と減価償却によって必要以上に電力代を高くさせることになり、最後は巨大なコンクリートのゴミを残すだけのことである。つまるところ、セメント屋と土建屋、それにからんだ政治家・役人の利権に奉仕するだけのものとなっている。その構図は、長野県の田中知事対反田中陣営の対立を見ると、はっきり読み取ることができる。

　デフレの時代、スケールデメリットの時代には、このような無駄な巨額の投資は止めるべきなのだ。しょせん、長く禍根を残し、終局は駄目になってしまうダムなどに、カネをつぎ込む余裕も暇も今はないのである。それでは、その代わりに、どのようなことが可能になるのだろうか。

●設備投資と減価償却

田中知事には、明確な代替案がないのが問題だ。

　昔の水車を想い出せばよいのだ。

　わたしがヨーロッパにそこそこ住んでいた経験からすると、かつて水車小屋があった所に、タービンが置かれ、小さな水力発電が無数に造られているのを見てきた。日本よりも安い電力料金であるにもかかわらず、多くの発電会社は、けっこう儲かっている。ひとえにコストが安いからだ。

　日本は山国であるだけに、滝のような河川が無数にある。そのような所に、小さなタービンを敷設してゆけばよいのである。昔の水車小屋を復活するということなのだ。おそらく、家庭用電力や小さなオフィス・店舗などは、このような小型水力発電所でかなりまかなえる時代がやってくるだろう。わたしも現在、このような小電力会社の設立に協力している。ひまわりニューエナジーという会社だ。

　原発やダム、化石燃料への依存度を下げるためにも、自然河川の利用は促進されざるを得ない時代に来ているといえよう。

　設備投資をすれば、減価償却を立てなければならない。過大な設備投資をすれば、その途端に過大な償却に毎年苦しめられることになる。一部には、この過大な償却によって、見かけの利益を減らし、節税の材料にしようとする考え方がある。しかし、過大な償却を予定した直後に、需要の変化によって売上げが急減したりすると、いっぺんに表面利益が吹っとんで赤字になることだって考えられないわけではない。現に、多くの企業が、今現在、平成恐慌の中でこのようなジレンマに苦しんでいる。

減価償却というのは、次の設備投資のために、毎年貯金を積み上げておこうという発想から出ており、一時的な設備投資の山を、数年にわたって平準化しようというものだ。そのような意味で、毎年の設備投資は、償却の水準を基準としながら行なってゆくのが望ましい。その限りでは、企業内に現金があるわけで、無理な借入れに頼る必要はなくなる。

　減価償却を基準にしながら、キャッシュフローの範囲内で設備投資を限定してゆこうという原則を守る限りは、需要を無視した設備投資をして、供給過剰に苦しむということもない。景気サイクルのプロセスでの恐慌とは、必ず、設備投資が消費需要を過大に超えた時に生じる。だからこそ、恐慌を避けるためには、設備投資を一定の基準に律して行なってゆく必要がある。企業・団体の内部に設けておくべき規準として、減価償却というのは、自己を律する良い基準といえよう。

　減価償却の項目は、地方公共団体の会計ではあまりはっきりとは出てないのだが、バランスシートには、減価償却の累計額として、数値が出ている。つまり、昨年度の累計額を今年度のそれから差し引けば、今年度の減価償却は出るわけだ。本来は、民間企業同様キャッシュフロー表をつくれば、はっきりと明示せねばならなくなる。

　地方公共団体は、かなり巨額の有形固定資産を持っている。しかし、その割に、減価償却の累計額はそれほどつみあがってはいない。つまり、毎年の一般財源から、減価償却を大幅に上回る設備投資を続けて、ハコモノを膨大に造ってきたということが分かる。

　減価償却を考慮せずに、設備拡大に走ってきたトガメ

が、いよいよ現在になって露出してきたともいえよう。

　すべての企業・団体が、この基準にしたがって設備に投資していれば、設備投資による景気サイクルは生じない。しかし、人間の心理として、需要が増えれば設備を増強したくなる。そして、投資して供給を増やした直後あたりから、需要がへこんでゆく。ある意味で、不況期に投資を増やし、好況期に投資を抑えた方がよいのだ。なべて、好況期には、それほど競争での差はつけられないが、不況期には大きく差がつく。不況期を生き抜いた企業・団体の方が強くなってゆくのである。

　それは、ひとえに、原則的経営行動を守るか否かということである。

14 不動産在庫の整理

　土地本位制が日本社会の基本的な仕組みであった以上、企業といえども、不動産の所有が重要な経営手段であり、同時に経営目的でもあった。不動産さえもっていれば、それを担保に銀行から短期運転資金も、長期設備投資資金も借りることができた。利益の蓄積も、不動産の集積によってなされると信じられ、だからこそ、日本企業はあれだけの不動産買い漁りをやってのけたわけである。

　不動産業界や住宅産業では、この土地本位制はさらに強力になった。プレハブ住宅ですら、先に土地を仕込み、そこへ上物を建て、それから分譲するという方式が普通であった。だから、安い土地さえ仕込んであれば、プレハブ住宅製造・販売のマージンより、土地の値上がり益の方がはるかに高かったのである。それでは、セールスの主力は、土地の売買に注力されてゆくこととなる。

　しかし、こういうやり方は、地価が上がっている時には良いが、いったん地価が崩れると、とんでもない禍根を企業に残すこととなる。高度成長の頃でも、10年に一度くらい、地価は暴落した。列島改造論の頃からオイルショックの後も、地価は暴落し、多くの企業に不動産在庫のしこりを発生させている。その頃、根釧原野の湿原までもが住宅用の在庫とされたが、このような投機は、オイルショックによってはかない夢と消え、以後10年にわたって、それぞれの企業に、簿価割れの在庫、塩漬けになった在庫が残り続け、利益も出ず、現金にも換えられない不良資産として長期的にバランスシートに引っか

かり、企業財務を苦しめ続けることになった。

　幸か不幸か、80年代後半のバブル景気による地価暴騰のために、これらの土地投機企業は一時的に救われた。しかし、ここで、彼らは頭を切り換えずに、列島改造論時代以上に土地を買い漁り、在庫を仕込んで、一時的に利益は急増したのだが、バブルの崩壊による地価暴落の結果、再び不良在庫を大量に抱える羽目に陥った。今回は、バブルの山が峻厳だっただけに、前回のオイルショックの時とは比べものにならないくらいの不良在庫が蓄積されたのである。

　多くの人々は、しばらく待てば、今までのように地価が回復するだろうと期待して、充分な処理をせぬまま、投機不動産を滞溜させた。しかし、今回のバブルは、戦後日本経済成長が登りつめた極みでもあっただけに、わたしが当時予測したように、一貫して下がり続けた。戦後45年間、巻き上げてきたネジが、外れて巻き戻されていく過程なのである。つまり、20年前後にわたって、地下は右肩下がりに下がってゆくと、わたしは予想している。土地の値上がり神話は崩壊したのである。

　そうなると、あたり前の話ではあるが、不動産の不良在庫を抱えた、企業、個人、公社公団、地方自治体は、きわめて厳しい局面に直面し続けざるを得ない。

　地方自治体でも、土地の不良資産の塩漬けは、膨大な分量に達している。民間企業よりも遅く開始して高値をつかみ、さらに民間企業が土地投機を止めてしまった後でも、予算執行上、止められずに、続けてしまった結果、おそらく、最大の土地不良資産を抱えているのが、地方自治体と、その関連の公社・公団・第三セクターであろう。彼らは、時価会計で、バランスシートを公表することを要求されていないので、この大穴が一般に知られて

いないだけだ。

なかでも問題になっているのは、土地開発公社の塩漬け土地である。2000年9月の自治省の調査によれば、全国の1600弱の土地の開発公社の保有する32千haの土地のうち、ほぼ半分が5年以上長期保有の塩漬けで、簿価で4兆強にものぼる。

図表10 全国の塩漬け土地の保有状況

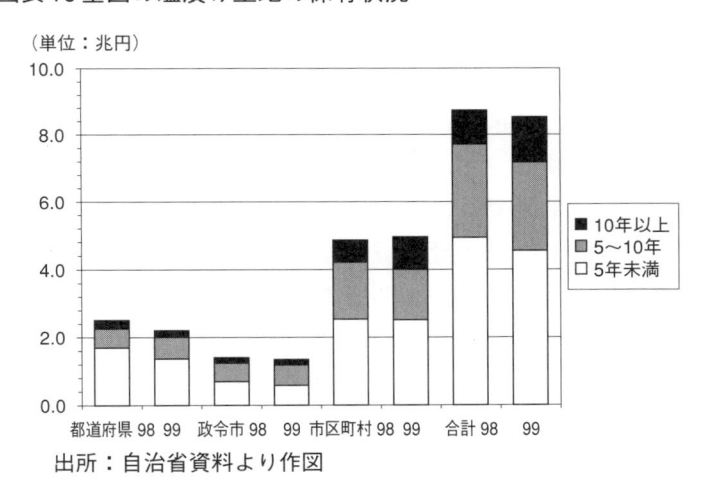

（単位：兆円）

[棒グラフ：都道府県98・99、政令市98・99、市区町村98・99、合計98・99の塩漬け土地保有額。凡例：10年以上／5〜10年／5年未満]

出所：自治省資料より作図

第三セクターでも、地域開発型のものは、帝国データバンクによれば、ほぼ8割強が、債務超過、あるいは債務超過懸念となっている。

このような塩漬け不動産は、どうなるのであろうか？あるいは、どうせねばならないのだろうか？

この土地バブルの崩壊によって累積した塩漬けの土地は、再び神風が吹いて、捌けてゆくのであろうか。戦後50年の歴史のなかでは、何度か土地危機があったとはいえ、しばらく我慢していれば、神風がいつかは吹いて、ひどい在庫も何とか捌けていった。そのような甘い記憶

● 不動産在庫の整理

があるから、不動産在庫の山に苦しむ企業や団体ほど、亀の甲羅に閉じこもって、在庫の山にしがみついている。

　60年ひとめぐりの還暦説にしたがえば、神風は吹かないだろう。朝鮮動乱以来、40年にわたって上がり続けてきた地価は、今回の60年サイクルを終わらせ、次のサイクルのスタートに立つためにも、一度振り出しに戻らねばならない。あれ以上の地価の天文学的上昇は、物理的に不可能だったのだ。だからこそ、その天文学を復活させるためにも、神風を吹かせないというのが、神の意志でもあろう。

　つまり、不良化し、塩漬けになった不動産にしがみつけばつくほど、事態は悪化してゆくのである。わたしの予測では、商業地でも住宅地でも、すべての地価は、ピークの十分の一にまで落ちると考えている。これは、バブルの経済法則であり、誰も逃れることができない。東京など大都会の都心の商業地ではついにその位で値がつき出し、土地の流動化も徐々に進み出した。ピークの値段を覚えている売り主としては、なかなか現実を肯定できなかったのであるが、ついに尻に火がついてきたのであろう。地主の漠然とした期待としては、ピークの半値くらいでというところだろうが、現実は、十分の一なのだ。こういう現実がしだいに鮮明になるにつれ、その衝撃は、大きなものとならざるを得ない。

　それだけに、塩漬けになった不良不動産在庫は早く減らしていくべきなのである。ここのところ、財務の優良な一流企業が、土地資産を売却することによって、肩の荷を下ろしてきているが、これは企業の体力が強いからこそできることだ。弱い企業や団体ほど、不良化し含み損を抱えた不動産の山に埋もれてゆく。

　最近話題になったグリーンピアの資産処分難航などは

その良い例だ。グリーンピアは旧年金福祉事業団による保養施設だが、近年赤字体質が定着していた。政府は2005年度までに廃止することに決め、資産の売却を企んでいるが、いっかな売却は進んでいない。実際の価値についての公的部門と民間部門との認識がかけ離れているからである。つまり、原価の半分なのか十分の一なのかという大きな差だ。

　土地資産の集積にのみ努めてきた、現代の銭屋五兵衛たち、守銭奴ならぬ守地奴は、このまま無為に時を過ぎれば、断末魔にまで追いこまれてしまおう。そして、そういう連中には引導を渡した方が、日本は良くなってゆく。

　弱い自治体や第三セクターほど、塩漬けの土地を大量に抱えて何もしてないが、今からでも遅くはないから、損切りで、さっさと塩漬けの土地を売り払うべきだろう。さもないと、破産・解散への道しか待ってはいない。弱い銀行と同じ運命が待っており、関係者に多大な損害を与えることともなろう。

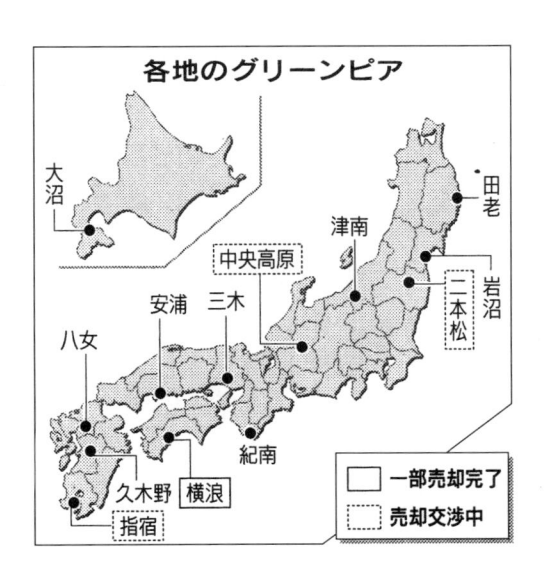

● 不動産在庫の整理

各地のグリーンピア

- 大沼
- 田老
- 津南
- 中央高原
- 岩沼
- 二本松
- 安浦
- 三木
- 八女
- 紀南
- 久木野
- 横浪
- 指宿

□ 一部売却完了
▭ 売却交渉中

15 帳票を減らす

　民間企業でも、業績の悪い会社の特徴は、やたらと帳票が多い。いわゆる見積書、納品書、請求書の類だ。そして、このような帳票と、作成管理する間接部門の人員の比率がきわめて高くなる。まず、民間部門でもこの直間比率が1対1になると、赤字企業となり、倒産予備軍となってしまう。理想的な直間比率としては、4対1ぐらいに、間接部門を押さえ込まないとまずいであろう。

　この考え方を、地方公共団体にあてはめると、見積書、納品書、請求書などの帳票がやたらと多く、そのため、間接部門のデスクワーカーの人員が、多すぎる。われわれ民間の人間から見ると、失業予備軍の人間を、失業対策で雇っているのではないかと思われるぐらいだ。

　さて、このような多すぎる帳票は、減らさない限り、財政支出の削減など、できようもない。これをどうするかは、やはり民間のやり方を参考にするのもおもしろかろう。

　民間企業で、多すぎる帳票を減らす最善のやり方は、社長と財務・経理担当副社長が、すべての帳票に目を通し、必要か不要化の仕分けをしてしまうことである。驚くべきことに、通例、8割の帳票は不要である。だから、これを捨てて、あまった間接部門の人間を直接部門に振り替えると、赤字企業は黒字になってくる。

　これに習えば、地方公共団体でも知事（市町村長）と収入役が、すべての帳票に目を通し、必要か不要化の仕分けをすればよいのである。それが分からないくらいなら、長となる資格などない。また、こういうところでも、

収入役の重要な仕事ともなるのだ。
　こうして、不要と見られた帳票は廃止し、それによって浮いた間接部門の人間は、現業へ回していくと、地方行政のサービスの向上につながってゆくことになるだろう。

●帳票を減らす

16 収入役の役割

　地方公共団体の収入役の役割が、最近問われている。一部の市町村では、不要として、収入役を置かない所さえ、あらわれるようになった。収入役が単なる金庫番でしかないとすれば、それも止むを得ないことであろう。しかし、カネにまつわる重要な意志決定をする人間が居なくなるのは、大変由々しいことであるのだ。

　本来の収入役の役割というのは、企業のCFO（コーポレート・ファイナンシャル・オフィサー、つまり、財務・経理担当副社長）と同じような重要な役割を担っているはずである。収入と支出をバランスさせる計画をつくり、そしてその計画を職員に実行させるという重要な役割を果たしているはずである。

　しかし、そのような厳しい経済行動がなされていないから、収入役も要らないと見なされ、また、財政収支の規律も乱れて、財政赤字が継続的に垂れ流されてくるわけだ。ある意味で、収入役が、収入役としての仕事をしていない所こそ、財政赤字の肥大に悩んでいるといえよう。野放図な事業経営は、必ず、カネの収支の面で破綻をきたす。

　このような財政破綻をとめる経理の専門家が、単なる金庫番ではない収入役として、財政収支の計画的バランスを達成していかなければ、財政赤字の回復などはできるものではない。

　したがって、収入役としては、わたしが本書で展開したいくつかの項目に、それなりに深い理解を持つと同時に、経営という観点から、事業全体を見通していかねば

●ペイオフと自治体財政

ならない。いわば、私企業のCFOのような仕事をすることが、今こそ、収入役には求められているのである。

　財政再建のためには、これから、収入役がどれだけ、体を張って、いい加減な支出を切り、いい加減な事業見通しを現実的な計画に変えていくかにかかっているだろう。収入役が再建屋になれないような地方公共団体は、消えていかざるを得ないことになろう。

17 中小企業対策

　日本の中小企業が、今や、瀕死の重体に陥っている。デフレ大不況もさることながら、大企業が、自分の苦境を下請けに転嫁して、下請けいじめを続けていることによる。また、中小企業の方も、大企業病に取りつかれていて、大企業の下請けになることが、成功への道と誤解しつづけている。

　こうした中で、銀行が中小企業への貸し渋りをするものだから、中小企業は、日々の運転資金の資金繰りにも苦しくなり、廃業するものも相次いできた。このような動きは、大企業にも大きな打撃を与えている。というのは、日本のメーカーの高い技術というのは、けっこう中小企業に蓄積されていたもので、下請け部品メーカーが廃業すると、大企業ではその製品がつくれなくなってしまうということが、続出しているのである。

　このように、誰も守ってくれなくなった、中小企業がどんどんつぶれてゆけば、日本経済の沈没は避けられないものとなろう。ここでなんとかその流れを止めるためには、地方公共団体も何らかの手を打たねばならないのだが、それにも、色々と多くの問題が潜んでいる。

　たとえば、東京都では、ローン担保証券制度を発足させた。これは、投資家に債券（金利１％以下、３〜５年もの）を売り出し、その資金を中小企業に低利（２％台）で貸し付けるものである。

　現在、銀行が怠っている金融仲介機能を、東京都が代わって行おうということなのだが、これには大きな問題が潜んでいる。

中小企業の多くは、このご時世では、その日暮しで、食うために、資金調達をしている面があり、あまり前向きな投資に、調達された資金が使われていない。つまり、さらに新たなカネが投入されないと、生き残れないという苦しい状況がある。こうして、カネを借りた企業が、借金を返せなくなると、東京都は代位弁済の一部を負担しなければならなくなる。いわば、東京都は、多くの銀行が現在苦しんでいる不良債権を、増やしてしまうことになるわけだ。

このようなことになるのは、単にカネを出すのみだからであり、カネを出す金融仲介機能は、カネだけでなく、経営の知恵を出さねばならない。昔の銀行員（特に支店長）はこれができたから、高度成長を支えることもできた。しかし、今の銀行員には、このような知恵は、まったく忘れられている。

しかし、カネを貸すだけで、このような経営の知恵を注ぎ込まない限りは、「仏つくって魂入れず」ということになりかねない。といって、東京都職員に、そのような芸当ができるとも思われない。

したがって、そのような芸当のできる民間の経営コンサルタントを組織して、借り入れを求める中小企業の経営指導をしていかない限りは、地方公共団体の中小企業対策は、なんとも成果のとぼしいものにならざるを得ないだろう。

とはいえ、経営コンサルタントも玉石混交であって、どちらかといえば、無能なコンサルタントが多い。したがって、過去の評判や、実績などを基にして、有能なコンサルタントを集めて組織化し、借り入れ希望の企業には、そのようなコンサルタントの指導を仰ぐというシステムを作らない限り、地方公共団体の財政負担はさらに

拡大するということにならざるを得ないだろう。しかし、そこまでのイニシアティブが、地方行政の職員にあるものかは、はなはだ疑問ではあるが。

　なお、東京都文京区がはじめた、少人数私募債への利子補給は、なかなか興味深い制度である。少人数私募債は、金融機関に頼らない資金調達の手段で、友人、社員、取引先など特別縁故者に、社債を購入してもらうやり方だ。文京区は、この社債の利子の一部を補填しようというので、発行中小企業の利子負担が軽くなる。また、社債権者は、会社の関係者が中心であるから、経営について彼らの目を光らせることもできる。さらに、文京区には、不良債権は発生しない。もちろん、企業の業績が上がれば税収は増える。

　このように、銀行の貸し渋りが続く中で、地方行政が、金融仲介機能を代替する一つの方策として、今後考えていかねばならない興味深い方策といえよう。銀行がつぶれていく時代である以上、行政としても金融代替機能を考えなければならないということである。

●著者紹介

大竹　慎一

一橋大学大学院経済学博士課程修了後、ドイツ・ケルン大学、イギリスLSEに留学。三井銀行金融経済研究所研究員、野村総合研究所、ロンドンのチェース・インヴェスターズ、ニューヨークのAIGグローバル・インヴェスターズを経て独立。トップクラスのファンドマネジャーとして活躍している。

主な著書に「平成デフレ時代・生き残る企業の条件」「ウォール街の常識・兜町の非常識」（ともにダイヤモンド社）「第三の金融大変流」（かんき出版）「日本の独り敗け」「投資の決断」「ハイテクバブルとローテク投資」（いずれもフォレスト出版）ほか著書多数。

コパ・ブックス発刊にあたって

　いま、どれだけの日本人が良識をもっているのであろうか。日本の国の運営に責任のある政治家の世界を見ると、新聞などでは、しばしば良識のかけらもないような政治家の行動が報道されている。こうした政治家が選挙で確実に落選するというのであれば、まだしも救いがある。しかし、むしろ、このような政治家こそ選挙に強いというのが現実のようである。要するに、有権者である国民も良識を持っているとは言い難い。

　行政の世界をみても、真面目に仕事に従事している行政マンが多いとしても、そのほとんどはマニュアル通りに仕事をしているだけなのではないかと感じられる。何のために仕事をしているのか、誰のためなのか、その仕事が税金をつかってする必要があるのか、等々を考え、仕事の仕方を改良しながら仕事をいている行政マンはほとんどいないのではなかろうか。これでは、とても良識をもっているとはいえまい。

　行政の顧客である国民も、何か困った自体が発生すると、行政にその責任を押しつけ解決を迫る傾向が強い。たとえば、洪水多発地域だとわかっている場所に家を建てても、現実に水がつけば、行政の怠慢ということで救済を訴えるのが普通である。これで、良識があるといえるのであろうか。

　この結果、行政は国民の生活全般に干渉しなければならなくなり、そのために法外な借財を抱えるようになっているが、国民は、国や地方自治体がどれだけ借財を重ねても全くといってよいほど無頓着である。政治家や行政マンもこうした国民に注意を喚起するという行動はほとんどしていない。これでは、日本の将来はないというべきである。

　日本が健全な国に立ち返るためには、政治家や行政マン、さらには、国民が良識ある行動をしなければならない。良識ある行動、すなわち、優れた見識のもとに健全な判断をしていくことが必要である。良識を身につけるためには、状況に応じて理性ある討論をし、お互いに理性で納得していくことが基本となろう。

　自治体議会政策学会はこのような認識のもとに、理性ある討論の素材を提供しようと考え、今回、コパ・ブックスのシリーズを刊行することにした。コパ（COPA）とは自治体議会政策学会の英語表記Councilors' Organization for Policy Argumentの略称である。

　良識を涵養するにあたって、このコパ・ブックスを役立ててもらえれば幸いである。

自治体議会政策学会　会長　竹下　譲

COPABOOKS
自治体議会政策学会叢書

ペイオフと自治体財政
― 地方公共団体の公金管理と運用 ―

発行日	2002年11月25日
著　者	大竹　慎一
監　修	自治体議会政策学会Ⓒ
発行人	片岡　幸三
印刷所	倉敷印刷株式会社
発行所	イマジン出版株式会社

〒112-0013　東京都文京区音羽1－5－8
電話　03-3942-2520　FAX　03-3942-2623

ISBN4-87299-313-6　C2031　¥900E
乱丁・落丁の場合は小社にてお取替えいたします。

イマジン出版 図書のご案内

お申し込みは：**イマジン自治情報センター**
〒102-0083 東京都千代田区麹町2-3 麹町ガーデンビル6D
TEL.03(3221)9455 FAX.03(3288)1019

全国の主要書店・政府刊行物サービスセンター
官報販売所でも取り扱っております

イマジンホームページ
http://www.imagine-j.co.jp/

自治体議会政策学会叢書
COPA BOOKS コパ・ブックス
☆最新の情報がわかりやすいブックレットで手に入ります☆

分権時代の政策づくりと行政責任
佐々木信夫（中央大学教授）著
- 分権時代の国と地方の役割、住民の役割を説き、「政策自治体」の確立を解説。
- 地域の政治機能・事務事業の執行機能に加え、今問われる政策立案と事業機能を説明。

□A5判／80頁　定価（本体価格900円＋税）

ローカル・ガバナンスと政策手法
日高昭夫（山梨学院大学教授）著
- 政策手法を規制・経済・情報の3つの類型で説明。
- 社会システムをコントロールする手段としての政策体系がわかりやすく理解できる。

□A5判／60頁　定価（本体価格900円＋税）

自治体議員の新しいアイデンティティ
持続可能な政治と社会的共通資本としての自治体議会
住沢博紀（日本女子大学教授）著
- 政治や議会が無用なのか。政党と自治体議会の関係はどのようにあるべきかを説く。新たな視点で自治体議員の議会活動にエールを送る。

□A5判／90頁　定価（本体価格900円＋税）

自治体の立法府としての議会
後藤仁（神奈川大学教授）著
- 住民自治の要として、自治体の地域政策の展開が果たす役割は大きい。立法府としての議会はどのように機能を発揮すべきか。議会改革のポイントを説く。

□A5判／88頁　定価（本体価格900円＋税）